Crea

Die 9 Stufen zum Aufstieg

"Die 9 Stufen zum Aufstieg" wurden von CREA (USA) übermittelt. CREA ist ein bewußter Channel (Medium) für die Große Weiße Bruderschaft. Sie sieht ihre Aufgabe darin, die Worte der Meister weltweit zu verbreiten. In dieser Aufgabe unternimmt sie ausgedehnte Reisen in viele Länder der Erde. Es geht ihr darum, die weibliche Kraft Gottes auf der Erde neu zu verankern, für das anbrechende Goldene Zeitalter. CREA gehört zur Bruderschaft des MELCHIZEDECK.

Weitere Durchgaben von CREA sind in den Büchern: "Sonderdruck Sananda", "Sonderdruck Ashtar", "Sonderdruck El Morya" und in "Die Botschaften" unseres Verlages erhältlich.

2. Auflage

Hartgass 9, D-88639 Wald

Tel.: 07578-2229, Fax: 07578-933194
Internet: www.lippert-verlag.de
e-mail:webmaster@lippert-verlag.de

Inhalt

Titelbild: "Goldenes Kreuz"

Original im Format 1.20m x 1.20 m
Acryl auf Leinwand mit Goldauflage von:
Soham Holger Gerull
Ludwig-Nüdling-Ring 11
D-36100 Petersberg-Steinhaus
Tel.: 0661 - 66293

Aufstieg

Erwachet! Erwachet! Erwachet!
Jetzt ist es Zeit, die Augen zu öffnen.
Erinnert euch eures göttlichen Zieles,
bedenkt es wohl, ihr Freunde,
denn Zeit, wie wir sie kennen,
kommt zum Ende.

Erinnert euch! Erinnert, wer ihr seid,
gekommen von Planeten, fremden Sternen.
Seht, fühlt und atmet tief ...
und sagt Lebewohl
der Majestät der Gipfel
und der Herrlichkeit des Himmels.

Doch wisset, daß sie da sind, wenn ihr kommt,
wenn ihr zurückkehrt von dem Ort,
an dem ihr wachst und lernt.

Ist das getan, ihr Kinder des Lichtes,
dann wählt, auf daß ihr Auserwählte seid.
Steigt auf und breitet eure Flügel.

von Mary Anne Lucas

Die 9 Stufen zum Aufstieg

Dies ist ein besonderes Schreiben, welches "Die 9 Stufen zum Aufstieg" in einer Art Formel zum Thema hat. Es wurde einer meiner Freundinnen, Becky Epsy aus Santa Fe, New Mexico, in einem Traum übermittelt.

In diesem Schreiben wird der Inhalt des Traumes kurz angesprochen und auch die Erklärung durch Lady Kwan Yin wiedergegeben.

Darauf folgen neun Gespräche über die 9 Stufen mit neun geliebten Meistern des Lichtes.

Und so begann der Traum:

... Vor ein paar Monaten hatte Becky eines Abends einen Traum, dessen Höhepunkt es war, daß sie den Sternenhimmel betrachtete und erkannte, daß viele der Sterne Raumschiffe waren. Die Schiffe formierten sich zu verschiedenen Konstellationen, so als wollten sie ihr eine Botschaft vermitteln.

Plötzlich erschien über ihnen die Formel:

"4 + 1 + 4N = B"

in den Himmel geschrieben, so, wie wenn ein Maler seine Signatur unter ein Meisterstück setzt. Sie wurde total von ihrer Aufregung überwältigt und das war das Ende des Traumes. Sie konnte sich jedoch auch nach dem Aufwachen an die Formel erinnern, die tief in ihrem Gedächtnis eingeprägt war. Da sie das stark beschäftigte, erzählte sie einer anderen meiner Freundinnen, Laura, am nächsten Tag von diesem Traum. Laura rief mich an, weil sie mir einfach darüber erzählen wollte.

Wir hatten alle das Gefühl, daß eine sehr wichtige Botschaft in dieser Formel verpackt war, und nach meinem Gespräch mit Laura konnte ich meine Neugier nicht mehr zügeln. Ich begann meine Meditation und beschloß, die Meister darüber zu befragen. Ich hoffte sehr, daß sie uns darüber aufklären würden.

Also sagte ich:

"Geliebte Meister, ich habe eine Frage bezüglich der Formel `4+1+4N=B', die Becky gesehen hat. Wir sind sehr neugierig, was das bedeutet und möchten euch bitten, wenn es euch recht ist, daß einer von euch uns dafür eine Erklärung gibt."

Lady Kwan Yin

"Ich grüße dich, meine Liebe, hier spricht Kwan Yin und ich werde deine Frage beantworten.

Ja, es stimmt, die Formel, die deine liebe Freundin Becky gesehen hat, ist tatsächlich von großer Wichtigkeit. Man kann diese Formel in 9 Stufen unterteilen.

Wie du siehst, ergibt 4+1+4 die Zahl 9. 9 ist die Zahl der Vollendung und die Formel steht für die Stufen des Aufstiegs. Wenden wir uns jetzt den einzelnen Teilen zu und betrachten zunächst einmal den ersten, "4+".

Im ersten Teil entspricht `4+' den folgenden ersten vier Schritten. Das ist, wenn jemand nach seinem Erwachen den ersten Schritt tut und damit seinen Weg zum Aufstieg beginnt.

Die ersten vier Schritte sind:

1. Sich seiner Selbst bewußt werden

2. Dankbarkeit und Verehrung
Gott gegenüber

3. Sich Selbst annehmen und erkennen

4. Sich Selbst vergeben

Im zweiten Teil, also in "1+", finden wir Schritt Nummer 5:

5. Loslassen und innere Reinigung

An diesem Punkt befinden wir uns genau an der Hälfte des Weges, ein ebenes Stück, auf dem unsere Reinigung stattfindet und unsere inneren Energien ins Gleichgewicht gebracht werden.

Auch werden hier unsere Energien exakt auf die Energie Gottes eingestimmt. Das ist der Punkt, an dem sich die meisten Lichtarbeiter zur Zeit befinden und von wo aus sie die nächsten vier Schritte des letzten Teiles erarbeiten.

Im letzten Teil finden wir `4N', die letzten vier Schritte:

6. Handeln und Eigenverantwortung

7. Erfahrung des "ICH BIN" und Freude

8. Friede und Einssein mit Gott

9. Bedingungslose Liebe

Nimmst du nun, meine Liebe, die Schritte 6, 7, 8 und 9 zusammen, so siehst du, daß sie "N", was NIRWANA bedeutet, ergeben.

Der letzte Teil der Formel, nämlich "=B", ist die Summe aller 9 Schritte zur Vollendung, zum Aufstieg - BLISS (=Glückseligkeit). 4 + 1 + 4N = B, so einfach ist das!

Wenn du möchtest, werden jetzt neun Meister über die 9 Stufen des Aufstieges sprechen und euch 9 einfache Lektionen erteilen, die ihr euch merken solltet. Wir hoffen, daß dies euren Weg leichter machen wird und eure Bemühung in eurem Aufstieg spirituelle Befreiung zu erlangen.

Gebt diese Botschaft an Menschen weiter, die ähnlich denken, denn wir geben euch das als ein Geschenk unserer Liebe.

Wir lieben euch alle sehr.
In Liebe, Kwan Yin."

Lady Nada

1. Sich Seiner Selbst bewußt werden

"Segen euch allen, meine Lieben, Ich bin Lady Nada, Chohan des sechsten Strahles und Hüterin der Flamme.

Der sechste Strahl ist der rubinrote Strahl und ich meine, daß er einer der mächtigsten Strahlen überhaupt ist, denn er symbolisiert das Blut Christi, das durch den heiligen Atem Gottes, der göttlichen Quelle der großen Zentralsonne, den Ursprung des Lebens in sich trägt.
Ich möchte euch heute den ersten Schritt zum Aufstieg erklären, das

SICH SEINER SELBST BEWUSST WERDEN.

Wenn eure Bedürfnisse und Wünsche schwinden, wenn es keine andere Sehnsucht mehr in euch gibt, als die, in Gedanken, Worten und Werken Weisheit und Licht des göttlichen Ursprungs zu sein und wenn ihr euch ganz dieser Liebe und diesem Lichte hingebt, dann habt ihr den Rubinstrahl erreicht.

SICH SEINER SELBST BEWUSST ZU WERDEN, meine Lieben, ist der erste Schritt zur Erkenntnis, daß ihr ein Funke des Göttlichen seid. Es ist der erste zaghafte Flügelschlag des Erwachens außerhalb eures Egos, der euch auf die lebenslange spirituelle Suche nach der Wahrheit gehen läßt.

Es ist das erste, intuitive Begreifen, daß ihr wahrhaft Teil eines größeren Ganzen seid und daß das Gefühl des Getrenntseins nur eine Illusion ist, an der ihr euch bis jetzt festgeklammert habt.

SICH SEINER SELBST BEWUSST WERDEN bedeutet das Erkennen, daß euer Ego zwar zu euch gehört, jedoch nur ein kleiner Teil von euch ist und daß es schon immer in euren Herzen diesen Anker der Liebe, das Selbst -

euch führend und leitend von Ewigkeit zu Ewigkeit - gegeben hat.

Ihr lernt zu verstehen, daß das Selbst nicht nur die vier niederen Körper - den physischen, emotionalen, mentalen und spirituellen - in sich vereint, sondern gleicherweise Teil einer multidimensionalen Existenz ist.

Das SICH SEINER SELBST BEWUSST WERDEN hört nicht auf, es wird größer, weiter, wenn ihr die multidimensionalen Ebenen erforscht und die 9 Stufen zum Aufstieg erklimmt. Das ist kein komplexer Vorgang, das kann so einfach geschehen, wie atmen. So wie jeder Atemzug, den ihr macht, ein Verankerungspunkt der Liebe für das Licht in euch ist.

Das SICH SEINER SELBST BEWUSST WERDEN ist der Weckruf an euer göttliches Selbst, an die von Christus durchdrungene Schwingung in euch, es ist, meine Lieben, der Augenblick reinster Klarheit, in dem ihr bewußt mit Herz und Hand nach eurem eigenen Lichte greift. Könnt ihr das begreifen?

Es ist die Antwort auf den Ruf, der an euch ergangen ist, um euch zu helfen, das Ziel eurer Seele herauszufinden. Es ist wahrlich die Antwort und die Anerkennung dessen, was ihr innerhalb des Größeren Göttlichen Planes aller Dinge darstellt, als Kind Gottes, das ihr seid.

Ihr werdet euch euer selbst bewußt, wenn ihr euch einer kurzen Zeit der Stille, also dem, was wir als "Meditation" bezeichnen, hingebt und euch mit dem heiligen Atem des Lebens verbindet. Das ist der Schlüssel zur ersten Stufe der Erleuchtung des Selbst.

Wenn ihr diese Bewußtseinsstufe erreicht habt, findet eine Verschiebung statt und ihr erkennt, daß eure irdischen Wünsche und Bedürfnisse auf einmal gar nicht mehr so wichtig sind und daß statt dessen die Suche nach dem Licht Priorität hat.

Diese Veränderung der Einstellung, des Bewußtseins, ist der Anstoß für den Göttlichen Atem, das Blut Christi, frei und ohne Behinderung alle multidimensionalen Ebenen eures Selbst im Bereich eures gesamten Energiefeldes zu durchdringen.

Werdet euch eurer Göttlichkeit bewußt, geliebte Kinder, und dankt dem Ursprung all dessen, was ist. Es ist dies nämlich in Wahrheit die erste der göttlichen Gaben, die man sich selbst zukommen lassen kann. Dieses Bewußtsein wird euch weiterführen, bis zum letzten Schritt eures Aufstieges.

Seid gesegnet, meine Lieben.
Ich bin Lady Nada."

Serapis Bey

2. Dankbarkeit und Gottesverehrung

"Segen euch allen, die ihr im Lichte seid. Als nächster komme ich, El Serapis Bey, um meinen Beitrag zu den "9 Stufen des Aufstiegs" zu leisten.

Mein Thema ist

DANKBARKEIT UND GOTTESVEREHRUNG.

Das ist nämlich der nächste Schritt nach dem Erwachen und SICH SEINER SELBST BEWUSST WERDEN.

Habt ihr erst einmal einen kurzen Blick auf eure eigene Göttlichkeit geworfen und sie, wenn auch noch so vage, erkannt, ist es die natürlichste Sache der Welt, daß eure tiefe Dankbarkeit euch veranlaßt, euch vor dem Allmächtigen Gott des Ursprungs, dem Spender des Lebens, zu verneigen.

Wenn ihr die Suche in eurem Herzen beginnt, führt euch das Bewußtwerden Gott vor Augen - denn alles ist Gott. Mit dieser Begegnung mit der allmächtigen Präsenz, eurer göttlichen ICH BIN-Gegenwart, erfahrt ihr, wer ihr seid und wo ihr hingehört und ihr lernt die Liebe kennen, die seit jeher als Erhalterin eures Lebens in euch war.

Die Gottesverehrung verstärkt immer auch die Liebe zum Selbst, denn Verehrung besteht aus tiefempfundenem Respekt verbunden mit Liebe und Ehrfurcht. Findet ihr nicht auch?

Und wenn ihr euch täglich ein paar Minuten Zeit nehmt, um dem Schöpfer die Reverenz zu erweisen, werdet ihr begreifen, daß auch ihr göttlich seid, so wie alle Wesen um, über, unter und in euch gleich und göttlich sind, und ihr werdet erkennen, daß alle nur Spiegelungen sind, ein weiteres Antlitz Gottes, sonst nichts.

Um in Gottes Gegenwart zu verbleiben, müßt ihr täglich beten, meine Lieben, damit die Verbindung zwischen euch und dem Schöpfer aufrecht bleibt und die Anbetung nicht aufhört.

Man will euch immer wieder weismachen, auch in den verschiedenen Religionen, denen ihr begegnet, daß Gott nicht erreicht werden kann, aber das stimmt nicht. Habt ihr euch schon jemals überlegt, warum manche von euch zuzeiten das Gefühl haben, den innersten Kern ihres Wesens nicht zu kennen?

Das kommt daher, weil euch die Dogmen das Getrenntsein lehren. Wenn ihr jedoch täglich ein paar Minuten aufwendet, das göttliche Antlitz in euch zu grüßen, dann lernt ihr ganz sicher den Gott, der ihr seid, kennen.

Es ist wichtig, täglich die Kommunikation mit der Quelle zu suchen - nicht nur für die Manifestierung von Wissen und Ideen, sondern auch, um mehr über Gott selbst, seine Weisheit, seinen Plan und seine Freundschaft zu erfahren.

Es gibt viele Gründe, meine Lieben, zu lernen, bewußt EINS mit Gott zu sein, wie zum Beispiel den, daß ihr euer SELBST werden müßt. Sucht die Kommunikation regelmäßig und oft, in verschiedenen Abständen. Beginnt euer Gespräch immer mit Lob und Dank und schließt es erneut mit einer Danksagung.

Euer Loblied verbindet sich mit den Harmonien der himmlischen Sphären, wenn wir ALLE dem Schöpfer unsere Reverenz erweisen. Das ist mein Geschenk, das ich euch kraft meines seraphischen Wesens als Chohan des vierten Strahles gebe.

Ich bin Serapis Bey."

Ashtar

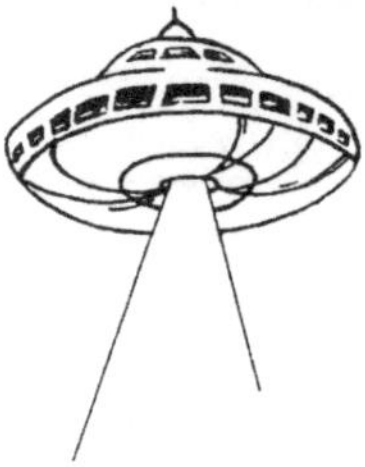

3. Selbst-Annahme und Erkenntnis

"Ich grüße euch, meine kosmischen Brüder und Schwestern, hier spricht Ashtar.

Ich habe die große Ehre, euch aus meiner Sicht etwas über

SELBST-ANNAHME UND ERKENNTNIS

den dritten und nächsten Schritt auf der Aufstiegsleiter, zu erzählen. Ich werde dies tun und ich hoffe, daß ich dabei in vollem Einklang mit meinen Mitarbeitern bin.

Wenn ihr also, meine Freunde, durch eure Selbst-Bewußtwerdung zu dem erwacht, was ihr in Wahrheit seid, dann erkennt ihr, daß ihr schon immer ein Teil eines größeren Ganzen im größeren Plan der kosmischen Schöpfung gewesen seid.

Es wird euch klar, daß euer SELBST mehr ist, als was ihr in eurer dreidimensionalen Denkungsart darunter verstanden habt, und daß ihr, göttlich und kosmisch auch mit allen Dingen um euch verbunden seid.

Ihr erreicht den Punkt, wo ihr auch akzeptieren könnt, daß es tatsächlich `geheiligte Querverbindungen' zwischen allen Lebensformen gibt. Das bezieht sich auf alles Leben auf eurer Erd-Mutter, aber auch auf außerirdische Lebensformen auf den anderen Planeten eures Sonnensystems und den vielen anderen Systemen innerhalb und außerhalb eures Universums.

Der Erdenmensch ist viel mehr, als man meinen sollte, viel mehr, als euch selbst im Moment klar ist. Ihr seid alle spirituelle Wesen, egal in welcher Dimension ihr euch befindet. Ich nenne euch meine Geschwister, denn wir alle sind Kinder dieses großen Universums der

Schöpfung. Kinder des einen Vaters - der einen Mutter - des einen Gottes.

Durch die SELBST-ANNAHME und die ERKENNTNIS erfahrt ihr, daß es nur eine einzige Kraft gibt, die in und um euch wirkt - den GEIST. Gott ist der Vatergeist, der seine Kraft, den Heiligen Geist, verströmt - und wir alle sind Kinder des Geistes, nicht wahr? Ihr fragt jetzt vielleicht: "Wie kommt es, daß sich nicht alle wie spirituelle Wesen verhalten?"

Die Antwort ist, meine Freunde, daß man sich, als spirituelles Wesen, solange nicht anders verhalten kann, bis man sich selbst als das Gotteskind annimmt, das wir alle sind. Der Unterschied zwischen uns, also zwischen euch und mir und den anderen, besteht im Begreifen, der Annahme und der Erkenntnis unserer Identität!

Begreifen heißt, voll und ganz zu wissen, was und wer man in Wahrheit ist. Annehmen heißt, euer Bewußtsein dort einzusetzen, wo ihr euch innerhalb eures Gesamt-Seins, also eurer spirituellen Ebene, befindet, und Erkennen ist nichts anderes, als jeden Augenblick eures

Lebens voll Entschiedenheit auf dieser hohen Stufe des Wissens zu leben.

Vergeßt nie die Tatsache, daß ihr jetzt, hier, ebenso wie in euren vergangenen Leben, überhaupt etwas tun könnt bzw. konntet, bedeutet, daß ihr spirituelle Eigenschaften besitzt und sie bis zu einem gewissen Grad auch einsetzt.

Sonst wäre euch überhaupt nichts bewußt, bzw. könntet ihr mit dem, was euch bewußt ist, in eurer Welt nichts anfangen. Das könnt ihr nämlich nur, weil diese dünnen Fäden der Spiritualität in euch sind. Die Erkenntnis bringt das Wissen mit sich, daß jede Lebenszeit, jede Sprosse eurer Leiter der Inkarnation, euch einen Schritt näher an das eigentliche spirituelle Ziel bringt, das zu erreichen ihr euch vorgenommen habt, als ihr als spirituelle Wesen den Entschluß gefaßt habt, diese irdischen Schulbank zu drücken.

Euer Lernen, eure Schulung hat euch - so hoffen wir zumindest - dazu gebracht, euch selbst als das göttliche Gegenstück, die göttliche

Ergänzung im Meisterstück der Schöpfung zu sehen.

Wenn ihr beginnt, euer SELBST als den Teil zu verstehen, der in Harmonie mit den Energien aller anderen wirkt, dann begreift ihr auch eure Rolle - ihr seid genau der Pinselstrich, der das große kosmische Meisterwerk vollendet.

Liebe Brüder und Schwestern, es ist schon so - wir sind alle miteinander verwandt, egal von welchen Welten wir kommen. Auch wir haben lernen müssen, was ihr jetzt gerade lernt. Auch wir sind von Zeit zu Zeit gestolpert, bis wir endlich diese Hochebene der SELBST-ANNAHME und ERKENNTNIS erreicht haben, wo uns unsere geliebten Lehrer dann geholfen haben, die Stufe der Meisterschaft zu erreichen.

Das ist uns gelungen, weil wir die Göttlichkeit in uns erkannten und sie annehmen konnten - und ihr werdet das ebenso können, denn jetzt sind wir als eure Lehrer hier, um euch zu helfen.

Ich bitte euch, daß ihr euch alle gegenseitig als spirituelle Wesen betrachtet, als die Meister, die ihr ja seid, und euch auch entsprechend zueinander verhaltet. Wenn ihr das tut, werdet ihr sehen, wie ihr auf einmal euer SELBST annehmen könnt.

Ich danke euch für eure Aufmerksamkeit und dafür, daß ich diesen Teil im Namen des Kommandos an euch weitergeben durfte.

In kosmischem Licht und in der Liebe.
Euer Bruder Ashtar."

Saint Germain

4. Sich Selbst vergeben

"Kinder der Flamme meines Herzens, hier spricht Saint Germain, Chohan des siebten Strahles und Hüter der Violetten Flamme.

Es freut mich sehr, daß ich euch nun meine Erfahrungen zum Thema

SICH SELBST VERGEBEN

mitteilen darf.

Der vierte und gleichzeitig nächste Schritt ist zuzulassen, daß die kostbare Violette Flamme jeden Unfrieden in euch verzehrt. Auf dem

Königsweg zum Aufstieg betrachtet man die Fehler im eigenen Charakter mit großer Aufmerksamkeit, so als würde man ein Mikroskop zur Vergrößerung verwenden. Hat man die Fehler entdeckt, dann sagt man: `Aha! Ich habe eine Ausrede dafür gefunden, daß ich nicht würdig war. Wie kann ich also jetzt erwarten, daß Gott mich liebt und mir vergibt?'

Ich sage euch: Was ist denn das Vergeben?

Es ist die Kunst der Hingabe, des Freisetzens, des Gehenlassens - ihr übergebt dabei euer Getrenntsein, eure Kritik, eure Vorurteile, eure Mißverständnisse, eure Wut und eure Schuldzuweisungen, die in euch sind, an das Feuer der Violetten Umwandlungsflamme des Vergebens. Denn das Vergeben enthält in sich die Macht der Heilung und die Beruhigung der Seele.

Die Liebe, Freunde meines Herzens, ist der Ursprung der Vergebung. Gott liebt immer und ewig, und durch diese Liebe vergibt er ohne Bedenken. Wenn ihr auf dem Königsweg des Aufstieges die Kreuzung des Vergebens erreicht, legt eure Vergrößerungsgläser zur Seite und liebt euch für alles, was ihr jemals wart und getan habt.

Es gibt in Wahrheit kein Richtig oder Falsch, es gibt nur unterschiedliche Stufen des Lernens und die verschiedenen Arten, sich die Lektionen zu erarbeiten.

Die wichtigste Lektion ist die der

BEDINGUNGSLOSEN LIEBE

und sie kann nur durch das SICH SELBST VERGEBEN erreicht werden.

Lernt die allmächtige Violette Umwandlungsflamme zu verwenden, meine Lieben, indem ihr sie anruft, wofür ich euch diese folgende Invokation empfehle:

Anrufung:

"Durch die Kraft, Liebe und Barmherzigkeit meiner strahlenden ICH BIN-Gegenwart rufe ich die Violette Flamme der Umwandlung an, auf daß sie in mir leuchte und alles verwandle, was nicht auf der höchsten Ebene des Lichtes steht -

ICH VERGEBE!

ICH VERGEBE!

ICH VERGEBE!

kraft meines Mitgefühls, meiner Liebe und Barmherzigkeit, allem, was mir, bewußt oder unbewußt jemals unrecht getan hat.

Durch die Violette Flamme
der Umwandlung,
der Vergebung, bin ich befreit
und kann vorwärtsgehen in der Liebe
des Violetten Strahles
von Gottes Heiligem Geiste,
sodaß auch mir vergeben sei,
und ich befreit werde
vom Kreislauf des Karma,
den Beschränkungen des Gesetzes
von Ursache und Wirkung.

Ich danke meiner gesegneten
ICH BIN-Gegenwart und Gott,
meinem geliebten Ursprung des Lebens,
für diese Flamme der Vergebung.

ICH BIN Liebe!

ICH BIN frei!

MIR IST vergeben!

ICH BIN DER ICH BIN!"

Wenn ihr täglich diese Anrufung verwendet, werdet ihr ohne Zweifel einer ganzen Reihe von Wundern auf eurem Weg begegnen.

Sich selbst zu vergeben ist einer der wichtigsten Schritte auf dem Wege zum Aufstieg. Solange ihr euch nämlich nicht selbst vergeben habt, solange könnt ihr nicht erfolgreich die nächste Sprosse der Aufstiegsleiter erklimmen.

Wüßtet ihr um die Heilwirkung der Violetten Flamme, wäre euch nichts in eurem Leben wichtiger und ihr würdet nichts anderes suchen.

Ihr seid würdig, Geliebte meines Herzens, würdig all dessen, was für euch in den höchsten Ebenen vorgesehen wurde.

VERGEBEN ist einfach das GEBEN
von Gottes Gnade und Liebe
an euch und andere!

Dieses Geschenk ergeht an euch an diesem Tage von mir, St. Germain vom Violetten Strahl."

Lady Kwan Yin

5. Loslassen und Innere Reinigung

"Meine Lieben, wir nähern uns der fünften Stufe, die

LOSLASSEN UND INNERE REINIGUNG

zum Thema hat, ein Thema, das als meine, Kwan Yins, Spezialität bekannt ist.

Wie ich schon früher gesagt habe, ist dies der Punkt, der die Hälfte des Weges kennzeichnet: eine gerade Strecke des Höhenweges, die der Reinigung und Ausgleichung eurer inneren Energien dient und auf der die Energien jedes

Menschen der Gottes-Schwingung angeglichen werden.

Wenn ihr diesen Punkt erreicht, werdet ihr, was eure physischen, emotionalen, mentalen und spirituellen Körper angeht, Bilanz ziehen und auch alle destruktiven und negativen Schwingungen eurer vergangenen Gedanken, Worte, Gefühle und Werke einer Reinigung unterziehen müssen.

Das Ziel des Aufstiegsweges ist es, meine Lieben, daß ihr euch letztlich mit eurer ICH BIN-Gegenwart in der göttlichen Hochzeit verbindet. Auf eurem Weg werdet ihr immer wieder den Wunsch haben, euch zu befreien, diese dichten, disharmonischen Schwingungen in euch loszulassen, damit die Christus-Energie in euch stärker fließen und euch genügend Kraft zur Erreichung dieses Zieles geben kann.

Eure "Körper" sind die geheiligten Tempel, die Gott in euch beherbergen. Warum solltet ihr den Wunsch haben, diese Tempel immer wieder zu beschmutzen?

Alle vier niederen Körper möchten sich doch nur harmonisch mit den höheren Körpern eures Selbst verbinden. Es ist so wichtig, daß ihr euch mit euren Abhängigkeiten im Bereich eurer physischen Körper, den Ängsten des Emotionalkörpers, den Gedanken des Mental- körpers und den Motivationen eures spirituellen Körpers auseinandersetzt, und daß ihr dabei wieder die unbesiegbare Kraft der Violetten Flamme der Umwandlung anruft.

Die negativen Energien, die ihr während eures Erdenlebens freisetzt, vibrieren in, um und durch euch. Wandelt ihr sie um, so setzt ihr den geheiligten Geist in euch, das wahre Licht vom Herzen Gottes, frei und überschreitet damit die Schwelle zu eurem Höheren Selbst.

Damit stellt ihr die Verbindung her, welche euch zum höchsten Gut führt und euch ständig den Weg dorthin zeigt. Als Teil eurer täglichen Meditation bittet das Höhere Selbst, jede Situation und jede Erfahrung erkennbar werden zu lassen, die euch vom Erreichen des Zieles abhält. Und dann, meine Lieben, entlaßt alles, was nicht wünschenswert ist, in die Violette Flamme.

Es ist immer günstig, sich den neuen höheren Schwingungen anzupassen, also die eigenen Energien entsprechend anzugleichen, während man die eigenen Begrenzungen losläßt.

Etwas vom größten, das ein Mensch tun kann, ist das Erbauen eines Körpers, eines neuen Tempels, in dem sich das SELBST ohne physische, emotionale oder mentale Beschränkung ausdrücken kann.

Da die Zeit schon sehr kurz ist, braucht man während dieser Inkarnation die physische Perfektion nicht mehr zu erreichen - was wir euch jedoch auffordern zu tun, ist,

DIE PERFEKTION ZU SUCHEN.

Die Vollendung liegt im eigenen Bewußtsein, und wenn ihr jeden Tag versucht, dieser Vollendung näherzukommen, wird sich euer Weg zum Aufstieg als immer leichter erweisen. Dadurch wird es auch für euch immer einfacher, die Schwingung eurer Lichtkörper und damit die Heilige Hochzeit eures Aufstieges zu erreichen.

Es ist sehr wichtig, jetzt auf diese Vollendung hinzuarbeiten, denn das bringt euch, Schritt für Schritt, eurer Meisterschaft näher.

Dies ist mein Geschenk an euch:

"IM HERZEN GOTTES
UND IM LICHTE
SEINES HEILIGEN GEISTES
BIN ICH VOLLENDET."

Meine Liebe möge euch führen.
Ich bin Lady Kwan Yin."

El Morya

6. Handeln und Eigenverantwortung

"Liebe Freunde, meine Aufgabe ist es, zu euch über den nächsten Schritt, nämlich

HANDELN UND EIGENVERANTWORTUNG

zu sprechen.

Ich bin El Morya, Chohan des ersten Strahles. Ich bin ein Meister der Praxis und manchmal recht ernsthaft. Ich vermittle euch meine Lehre gerne, ich tue es jedoch noch lieber, wenn der Wille des Handelns dahintersteht.

Wenn man sich redlich bemüht hat, die vier niederen Körper zu reinigen, fühlt man sich plötzlich durch das Gesetz der Anziehung zu dem großen göttlichen Magneten, dem Herzen Gottes, hingezogen. Aus Liebe zum SELBST, aus Liebe zu Gott, aus Verehrung, Dankbarkeit und dem Erkennen, will man dann selbstlos dienen.

Wir, die aufgestiegenen Meister, suchen nach jenen unter euch, die den Willen zur Veränderung zeigen. Und das ist der nächste ganz natürliche Schritt: durch göttliches Handeln, aus freiem Willen den Willen Gottes zu erfüllen.

Der Wille zur Veränderung in euch veranlaßt euch dazu, die Verantwortung anzunehmen und alle Unreinheit in euch in die Reinheit des Herzens Gottes umzuwandeln. Das fordert die Zeit, in der ihr lebt, das fordern diese letzten Tage der alten Ordnung.

Ich spreche zu jenen, die in der Wildnis die Fackel des Lichtes hochhalten und das Neue Goldene Zeitalter willkommen heißen. Solange die Menschen der Erde die Dunkelheit nicht erkennen, streben sie auch nicht nach dem

Lichte. Und diejenigen, die die Fackel des Lichtes tragen, tragen auch die spirituelle Last der Menschheit, da es den einzelnen Menschen der breiten Masse an Verantwortung fehlt. Doch sie tragen diese Verantwortung freiwillig und aus Liebe zu ihren Mitmenschen.

Was ihr tut, ihr die vom Lichte seid, ist lobenswert - und doch für alle, die als Masse Freiheit im Neuen Zeitalter suchen, nicht günstig. Denn das Übernehmen der EIGENVERANTWORTUNG ist zunächst die einzig wahre Handlung, um einen Schritt vorwärts in die Neue Zeit zu machen.

Damit kann auch, für jeden Einzelnen, das Gesetz des Karma verändert werden. Bewegung ist Energie, Bewegung in Liebe ergibt das gesamte göttliche Energiefeld. Wenn es Bewegung gibt, gibt es keine Stagnation - das stimmt doch?

Wenn sich alle im Lichte vorwärtsbewegen, bewegen sie sich im Gleichklang. Um in die höheren Bereiche zu gelangen, muß man seinen Willen der Dreifachen Flamme der Macht, der Weisheit und der Liebe übergeben.

Um die dreidimensionalen Ebenen des Bewußtseins zu überwinden, um den Quantensprung über die Schwelle des Aufstiegs zu wagen, bedarf es der Bewegung, einer Kundgebung des Willens.

Zuerst jedoch HANDELT und übernehmt EIGENVERANTWORTUNG, denn das bringt euch, dem Gesetz der Anziehung folgend, zum Tage eures Aufstiegs. Meine Verantwortung ist es, euch zu führen und zu unterstützen - eure ist es, zu folgen.

Doch den ersten Schritt, meine Freunde, müßt IHR tun. Ich gebe euch diese Informationen gemäß meines freien göttlichen Willens.

Ich bin El Morya und ich danke euch."

Hilarion

7. Erfahrung des "ICH BIN" und der Freude

"Die FREUDE ist euer göttliches Geburtsrecht, meine Freunde. Oft schon habt ihr es zugelassen, daß euch die Herausforderungen des Lebens beschweren und habt sogar eure spirituelle Arbeit als zu ernst und belastend empfunden.

Was ihr hier und jetzt erkennen müßt, meine Lieben, ist, daß eure Inkarnation auf der Erde zu genau diesem Zeitpunkt eine heilige Chance darstellt, die größer ist, als ihr sie euch vorstellen könnt.

Wenn man für sich die Motivation gefunden hat, selbstlos dem Lichte zu dienen, dann sollte dieser Gottes-Dienst an sich die größte FREUDE bedeuten.

Ich bin Meister Hilarion, Chohan des fünften Strahles und ich informiere euch über die

ERFAHRUNG DES "ICH BIN"
UND DER FREUDE.

Um das "ICH BIN" überhaupt erfahren zu können, muß man eine gewisse Zeit darauf verwenden zu SEIN, was durch Meditation erreicht werden kann.

Die Meditation führt auch zur Anwendung der Invokationen, des Gebetes, der Affirmationen, die alle helfen, den Stau an vergangenen Ängsten und Enttäuschungen, die das Leben mit sich gebracht hat, aufzulösen.

Das Meditieren bietet euch die Gelegenheit, eure selbstverschuldete Trennung vom göttlichen Ursprung und, was noch wichtiger ist, von eurer ICH-BIN-Gottes-Gegenwart zu heilen, und euch in den natürlichen Zustand des ICH BIN, der Glückseligkeit und Freude zu versetzen. In diesem siebten Schritt, meine Lieben, sollte man annehmen können, daß euch die Meditation als tägliche Übung bereits eine Selbstverständlichkeit ist.

Jetzt ist es wichtig, daß ihr eure Antworten in euch sucht und findet, daß ihr hellwach und präsent seid, um aus der Inneren Stille, der göttlichen Verbindung eines Gottes mit dem anderen, zu schöpfen.

Wenn ihr das ICH BIN in der Meditation anstrebt, übt ihr die Wiedervereinigung mit eurer Gottes-Gegenwart, mit eurer Erleuchtung. Denn es ist ganz sicher Gottes Licht, das das Bewußtsein eurer vier niederen Körper erhellt.

Gottes Licht strömt durch jeden von euch und hilft damit, die Verzweiflung auf eurer Erde zu lindern und euren Lebenskampf zu erleichtern. Euer physischer Körper, euer ICH BIN, ist immer ein Spiegelbild eures Bewußtseins. Ist euch das überhaupt klar?

Wenn also Gottes Licht frei in euch fließt, so kann sich nur die Glückseligkeit und die Freude Gottes in euch spiegeln. Ihr könnt eure Lebensmuster grundsätzlich verändern, wenn ihr eure Last in Gebet und Affirmation an Gott abgebt.
Das ICH BIN bietet dazu ungeheure Möglichkeiten, man kann damit auf äußerst wirkungsvolle Art alte Gewohnheiten ablegen und destruktive Gedankengänge positiv verändern.

Die FREUDE ist ein Geisteszustand, ein Bewußtseinszustand - nichts, was man erben oder erwerben könnte. Ist die FREUDE erst einmal ein integrierter Bestandteil eures Bewußtseins geworden, so wird sie euch auf ewig führen, damit ihr euer Ziel des siegreichen selbstlosen Dienens erreicht und wird euch einen wahrhaft glückseligen Zustand des ICH BIN verschaffen.
Meine Lieben, ihr habt das Recht, in jedem Augenblick eures Lebens FREUDE zu empfinden. So sei es. Ich bin Hilarion."

Babaji

8. Friede und Eins-Sein mit Gott

"Liebe Gefährten, ich komme zu euch mit der Schlichtheit der Wahrheit. Ich bin Meister Babaji.

Die Schlichtheit der Wahrheit besteht darin, daß ihr, wenn ihr euch dem Nirwana nähert, mit jedem Schritt gelassene Heiterkeit und Zufriedenheit in euren Herzen spürt. Und wenn ihr eure Dreifaltige Flamme der Macht, Weisheit und Liebe mit denen, die in Gottes Herzen sind, verbindet, erlebt ihr direkt und unmittelbar

FRIEDEN UND EINS-SEIN MIT GOTT.

Eigentlich ganz einfach, nicht wahr? Das ist der nächste Schritt, den ich euch zeigen werde. Ihr seid an diesem Punkt durch SELBST-ANNAHME und ERKENNTNIS, SELBST-LIEBE und VERGEBUNG sowie EIGENVERANTWORTUNG und HANDELN des SELBST angelangt, und habt gleichzeitig den FRIEDEN aus der Erkenntnis erlangt, daß ihr schon immer EINS MIT GOTT gewesen seid, von dem Augenblick an, wo er euch mit der Lebenskraft seines Atems in die Welt entsandt hat.

Mit dem Erreichen des FRIEDENS habt ihr die Qualitäten des FRIEDENS kennengelernt, die da sind - Innere Ruhe oder Gelassenheit - Trost, der der Harmonie entspringt, die dem Höheren SELBST entspricht, - allgemeine wie auch spirituelle Freiheit, die dadurch entsteht, daß ihr bewußt im Lichte weilt und gleichzeitig die Verhaftungen der Dritten Dimension ablegt und Gleichgewicht, das aus dem Wissen um die große innere Stille kommt.

In der großen inneren Stille befinden wir uns im Herzen und im Geiste Gottes, dort finden eure physischen, emotionalen, mentalen und spirituellen Körper ihr absolutes Gleichgewicht, was euch entsprechend Mut, Stärke, Klarheit und Energie gibt, den letzten Schritt zu eurer Meisterschaft zu wagen. Wenn ihr bis zu diesem Zeitpunkt lernt, euch auf die große Stille zu konzentrieren, so wird euch das helfen, die Aspekte eures Alltagslebens in Frieden und Zufriedenheit zu genießen und mit den hohen Frequenzen der Energie aus Gottes kosmischem Geist umzugehen.

Wenn ihr EINS SEID MIT GOTT, könnt ihr alles SEIN und alles ERREICHEN. Dort herrscht keine Furcht, es gibt nur heilende Führung, und ihr lernt den

FRIEDEN DER ERKENNTNIS
EURER ICH BIN-GEGENWART

in all ihrer Schönheit kennen.

Geliebte Meister der Erde, dies ist der letzte Übergang zu Freiheit und Nirwana. Aus dem Zentrum der Göttlichkeit in euren Herzen begleitet ihr die großen Aspekte Gottes in das Licht, das aufleuchten wird, wenn euch der

Regenbogen der Freiheit den Weg durch dieses letzte Tor weist.

Und das ist dann der Moment, in dem das Nirwana euch zärtlich berührt und euch in euren Lichtkörper kleidet und euch mit den strahlenden Juwelen der Meisterschaft schmückt. Und es ist dies auch der Moment, liebe Gefährten, in dem ihr FRIEDEN erfahrt, wie nie in irgendeiner eurer Inkarnationen zuvor.

Mit unserem gemeinsamen Bemühen haben wir, die aufgestiegenen Meister, unser Bewußtsein in den Zustand des Nirwana erhoben, damit ein Weg des Lichtes und der Wahrheit im Geist der Menschheit entstehe.

Ihr braucht nur unsere Hand zu ergreifen und diesen Weg des Lichtes mit uns beschreiten. Dazu braucht ihr nur euren Platz innerhalb der großen Stille in euch finden und diesen FRIEDEN erlangen.

Ihr müßt nur euer

EINS-SEIN MIT EURER
GÖTTLICHEN ICH BIN-GEGENWART

erkennen, dann erlangt ihr die Erleuchtung.

Dann werdet ihr vorwärtsschreiten und die Plätze in den Höheren Regionen des Lichtes einnehmen, an denen wir jetzt stehen.

Es ist doch wirklich ganz einfach, nicht wahr?

Ich bin Meister Babaji und gebe mein Strahlen in Liebe an euch weiter."

Sananda

9. Bedingungslose Liebe

"Ich grüße euch, ihr Engel des Lichtes, ich bin Sananda.

Überrascht es euch wirklich, daß ich derjenige bin, der zu euch über

BEDINGUNGSLOSE LIEBE

spricht und euch damit zum Höhepunkt der "9 Stufen des Aufstiegs" bringt?

Acht meiner geliebten Freunde, alle wahre Meister des Lichtes, sind vorgetreten, um euch ihre Ansicht und persönlichen Ratschläge bezüglich der "9 Stufen des Aufstieges" vorzutragen und damit einen breiteren Weg zu schaffen, dem ihr folgen könnt.

Wir bieten euch wirklich unsere Hand zur Unterstützung, denn wir kennen den Weg, den ihr gerade geht, nur zu gut. Jeder Meister hat euch einen Aspekt der Aufstiegs-Formel vorgestellt und eine komplettere Darstellung der Dinge gegeben, die jeder von euch durchmachen muß, um die Vollendung eures irdischen Auftrages zu erreichen.

Es ist schon so, der einzige Weg, den man im Leben geht, führt zur Liebe. Denn diese göttliche Liebe ist der Atem, der euch aus dem Herzen Gottes, des Vaters - der Mutter von uns allen, herausgetragen hat. Und auf genau diesem Hauch bemüht ihr euch zu fliegen, das heißt, euren Aufstieg zu nehmen, zurück zum Ursprung.

Bedingungslose Liebe heilt alle Illusionen, die ihr in bezug auf das Getrenntsein vom Ursprung habt und ist eure einzig gültige Fahrkarte zur Freiheit. Diese göttliche Liebe in euch ist der Magnet, der euch höher und höher zieht, um euch mit der Quelle eures Gott-Selbst zu vereinigen - denn göttliche Liebe ist die Antriebskraft des Gesetzes der Anziehung.

Die Liebe läßt den Kosmos perfekt funktionieren und die göttliche Liebe bringt gleicherweise euren individuellen Kosmos in Gleichgewicht und Harmonie.

Um die Lösung der Formel - BLISS (GLÜCKSELIGKEIT) - voll zu verstehen, müßt ihr nur diesen letzten, neunten Schritt wagen und die

BEDINGUNGSLOSE LIEBE

in euch herausbringen.

In ihr, meine Lieben im Lichte, erkennt ihr dann das Wissen, die innewohnende Wahrheit. Vergeßt nicht, daß das Licht der Liebe die Form gibt. Ihr, meine Lieben, seid geformtes Licht - man könnte daher sagen, daß eure physische Form aus Liebe geschaffen wurde, um das Licht in seiner ganzen Fülle zu manifestieren.

BEDINGUNGSLOSE LIEBE ist die wertvollste Eigenschaft eurer Seele. Sie ist das Geschenk, das ihr, als Lichtarbeiter, als Bewerber für den Aufstieg, der Welt zum Wohle der gesamten Menschheit geben könnt. Sie ist das, was das ganze Leben und euer Eins-Sein verbindet. Sie ist die wichtigste Energie, die für euren Aufstieg und den eurer Erde erforderlich ist.

Dies ist das Geheimnis, wie wahre Glückseligkeit erlangt werden kann, meine Engel des Lichtes. Und dies waren in Kürze die "9 Stufen zum Aufstieg" - nehmt sie an und erforscht sie, erweitert sie und formt sie nach euren individuellen Wünschen und Bedürfnissen.

Wir, die aufgestiegenen Meister der höheren Regionen geben euch diese göttlichen Geschenke in bedingungsloser Liebe zu jedem einzelnen von euch.

Mögt ihr eure Flügel spannen und zum Himmel heimkehren, wie Tauben zu ihrem Schlag.

Ich bin Sananda."

Dr. Joshua David Stone

Wie man den

AUFSTIEG

in diesem Leben erreicht

Das komplette Aufstiegshandbuch

R. Lippert Verlag DM/Sfr. 54,80
416 S. , gebunden, ISBN 3-933470-60-9

Für diejenigen, die zwar die Absicht haben, die gesamte Geschichte der Spiritualität zu studieren, denen jedoch die Lebenszeit, die es benötigen würde, zu kurz ist, stellt dieses außergewöhnliche Kompendium ein großes Geschenk dar. Dr. Stone hat das Essentielle seiner ausgedehnten Forschungen und intuitiven Informationen zusammengetragen, und beides zu einer einfachen und fesselnden Erforschung der Selbst Verwirklichung verknüpft.
Dieses Buch ist praktisch orientiert und aufklärend zugleich. Ein Führer durch die Vergangenheit und ein "Wie wird es genau gemacht - Handbuch" für den Aufstieg. Als genaue Übersicht über den geistigen Pfad geschrieben, erklärt dieses Buch die Großen Meister, spirituelle Psychologie, und die Lehren der Aufgestiegenen Meister, die genaue Anweisungen enthalten, um unseren Prozeß des Aufstiegs zu beschleunigen.

Dr. Joshua David Stone

Seelenpsychologie

R. Lippert Verlag
448S.,geb. ISBN 3-933470-61-7
DM/Sfr. 59,80

Der zweite Band der mehrbändigen Serie

DER LEICHT ZU LESENDEN
ENZYKLOPÄDIE
FÜR DEN SPIRITUELLEN PFAD

Weitere Bücher von ***Dr. Joshua David Stone***
in deutscher Sprache in Vorbereitung !

Sananda - Die Botschaften

übermittelt von Crea

Buch, broschur 152 S. DM/Sfr. 29,80
R. Lippert Verlag, ISBN 3-933470-02-1

Sonderdruck El Morya

übermittelt von Crea

Buch, broschur 88 S. DM/Sfr 16,80
R. Lippert Verlag, ISBN 3-933470-01-3

Eine Zusammenfassung wertvoller Durchgaben und Meditationsübungen von EL MORYA, die das Wirken dieses großen Meisters beschreibt.

Sonderdruck Ashtar

übermittelt von Crea

Buch, broschur 152 S. DM/Sfr 29,80
R. Lippert Verlag, ISBN 3-933470-03-X

Maria - Die Ankunft des Lichtkindes

übermittelt von Sananta

Empfängnis, Schwangerschaft,
Geburt und Kindheit aus geistiger Sicht

Buch, broschur 72 S. DM/Sfr 16,80
R. Lippert Verlag, ISBN 3-933470-00-5

Der Weg zur Kraft

"Fast Food" für die Seele

Barbara Berger

Buch, broschur 144 S. DM/Sfr 24,80
R. Lippert Verlag ISBN 3-933470-06-4

Ein praktischer Schnellkurs zur Entfaltung des inneren Kraftpotentials des Menschen.

Gott, Schöpfung & Universum

Dr. Ron Hanner

Buch, broschur ca. 300 S. DM/Sfr. 37,80
R. Lippert Verlag, ISBN 3-933470-07-2

Mit diesem umfassenden Werk gelingt es Dr. Ron Hanner auf geniale Weise die Themen Gott, Schöpfung & Universum sowohl aus spiritueller, als auch aus wissenschaftlicher Seite ausführlich zu erklären und die Verbindung zwischen Spiritualität und Wissenschaft hervorzuheben.

Die Macht der Sehnsucht nach dem Wunderbaren

von Sylvia Angelika Bohlender

Buch, broschur 152 S. DM/Sfr 19,80
R. Lippert Verlag, ISBN 3-933470-05-6

Diese, in sehr schöne, ansprechende Worte gekleidete Geschichte, entführt den Leser in eine ferne Welt einer alten Zeit, in das Leben eines Druiden, einem stummen Mädchen und einer großen Liebe.

Meisterbilder & Sticker

(Sticker=selbstklebende Bilder)

Verschiedene Bilder von Meistern in mehreren Größen und als Sticker in zwei Formaten erhältlich. Bitte kostenlose Meisterbilder-Liste beim Verlag anfordern!

Die Botschaften

Heftserie, 3-monatlich

Die Botschaften übermitteln Durchgaben verschiedener Meister & geistiger Lehrer zur spirituellen Entwicklung des Menschen. Sie enthalten fundiertes Grundlagenwissen, Meditationen und Übungen, die eine wertvolle Hilfe für den eigenen geistigen Entwicklungsweg darstellen.

Das aktuelle Heft kann als Probeheft (ca. 68 Seiten) zu DM/Sfr 17.- zzgl. Porto beim Verlag bestellt werden.